谨以此书献给 Andrew Matthews
（安德鲁·马修斯），感谢你给
予我的启示。

写给儿童的
高效学习力打造计划

别让焦虑打败你

［新加坡］张郁之 /著·绘　廖 丽 /译

天地出版社
TIANDI PRESS

图书在版编目（CIP）数据

别让焦虑打败你 ／（新加坡）张郁之著、绘 ；廖丽译 . 一成都 ：天地出版社，2018.11
（写给儿童的高效学习力打造计划）
ISBN 978-7-5455-4183-0

Ⅰ . ①别… Ⅱ . ①张… ②廖… Ⅲ . ①小学生－学习能力－能力培养 Ⅳ . ① G622.46

中国版本图书馆 CIP 数据核字（2018）第 208469 号

First published in Singapore by Armour Publishing.
The simplified Chinese translation rights arranged through Rightol Media
（本书中文简体版权经由锐拓传媒取得 Email:copyright@rightol.com）

版权登记号：21-2017-464

写给儿童的高效学习力打造计划
别让焦虑打败你
BIE RANG JIAOLÜ DABAI NI

出 品 人　杨　政
总 策 划　陈　德　戴迪玲
策划编辑　徐　宏
责任编辑　李婷婷
营销编辑　吴　咚
美术设计　刘黎炜
责任印制　刘　元
出版发行　天地出版社
　　　　　（成都市槐树街 2 号　邮政编码：610014）

总 经 销　新华文轩出版传媒股份有限公司
印　　刷　北京画中画印刷有限公司
开　　本　889mm×1194mm　1/32
印　　张　4.875
字　　数　80 千
版　　次　2018 年 11 月第 1 版
印　　次　2019 年 4 月第 2 次印刷
书　　号　ISBN 978-7-5455-4183-0
定　　价　18.00 元

目 录

前　言

　　当接到为本书写前言的邀请时，我兴奋地说："这太酷了！"可是，整整一周过去了，我却一个字也没写出来。纸上一片空白——一个字甚至连一点墨迹都没留下，我的脑子里也是一片空白。为什么会这样？因为我一直纠结着不知写些什么，担心自己写得不够好。我思虑重重，创作源泉仿佛枯竭了。

　　我们感觉焦虑时，好像什么事都做不好。在这种情况下，我们会在困难面前茫然无措，无法找到解决的办法，只能尽力平复内心焦虑的情绪，让自己跳出眼前的困境，从旁观者的角度来看待问题。这时你或许会恍然大悟——答案其实一直摆在那儿，只是当局者迷，你没有发现它。这就是我几乎不焦虑的原因（除了为本书作序）。焦虑除了让人头疼和增加几道皱纹，对解决问题没有任何帮助。

　　不过，不应该焦虑，不代表着就不会为任何事情感到焦虑。通常有如下两种焦虑：一种是消极的、有害的，例如："噢，这件事我没法做到，这简直是世界末日啊！"另一种其实是积极的、沉着而镇定的："嗯，这确实是个问题。我如何才能将它处理得更好呢？"

很明显，后一种才是人们陷入焦虑情绪时应采用的思维方式。

现在，在面对工作挑战时，我不会再让自己陷入焦虑的情绪中无法自拔。曾经的经历教会我：当你焦虑时，幽默总是有用的。1994年，跨入电视行业不久，我很快就意识到，做艺人得时刻面对巨大的工作压力。圈子里的每个人都非常紧张、焦虑，压力巨大。置身于那样的工作环境中，就仿佛在雷区中行走一样。

但是，当我将幽默运用于人际关系中时，工作氛围就变得轻松起来，大家更有创造力，工作也更加高效。我想，这应当是我不轻易焦虑的工作态度影响了同事，产生了非常好的效果。当然，作为回报，我自己也从中享受到了令人舒适的工作氛围。

在即将结束序言的时候，我忍不住再次强调：请记住，焦虑不会给你带来任何好处。

本书中有很多值得你思考的内容，阅读这些内容后，你会意识到，停止焦虑，你就能从生活中收获更多。此外，书中还有很多有益的小贴士、引言以及逸闻趣事，它们将引领你走上无忧无虑、快乐生活的道路。

Gurmit Singh（葛米星）

新加坡新传媒集团艺人

新加坡新传媒电视私人有限公司

导　读

　　人生就像一个装了半杯水的玻璃杯，知足常乐的人看到的是杯子装有水那一半，对生活感到不满足的人看到的是杯子空着的一半。因此，对生活的态度，取决于人们如何看待自己周围的事物。

　　什么是幸福呢？正如维基百科给的定义那样，幸福是一种状态，包括对满足感、爱、满意度、愉快或者欢乐的认识或感知。

　　心理状态决定我们感受到的是幸福或是忧心忡忡。乐天的人总能看到事物积极的一面，而杞人忧天的人却总是将注意力集中在消极因素上。公平地讲，焦虑情绪在一定程度上也可以产生积极的影响，它能督促我们尽快找出解决困难的办法。例如，当我们为即将到来的测验感到焦虑时，这种焦虑情绪就能激励我们努力学习、认真复习。我们为测验做的准备越多，焦虑感就越轻。

给谁的水？

　　然而，如果过度焦虑，我们可能会成为慢性忧虑症患者，睡不好、吃不下甚至掉头发。这可不好笑，这是一种疾病，被称为广泛焦虑症（GAD）。慢性焦虑大多是有害的，它可能会让我们停滞不前，阻碍我们进步，不仅如此，甚至可能导致抑郁。

影响健康

　　在我们生活的这个快节奏的社会中，青少年陷入焦虑漩涡无法自拔的现象并不少见。无论在校内、校外还是在家里，青少年每天都需要面对并努力处理无数令人焦虑烦躁的事情。

那些处于焦虑状态的青少年常常问自己以下这些问题：

我对自己的外表满意吗？

我对自己在学校取得的成绩满意吗？

我对自己与父母的关系满意吗？

我对自己与朋友的关系满意吗？

我对自己与男朋友（或女朋友）的关系满意吗？

我对父母给的零用钱的数目满意吗？

我对自己目前的生活状态满意吗？

如果这些问题正在困扰你，那么这本书就很适合你阅读。我们将以"焦虑"为关键词来探讨让青少年产生焦虑情绪的不同原因，我们将以"快乐"为关键词来分析令青少年感到快乐的不同方法。

有人说，世界上只有躺在坟墓里的人不会感到焦虑。这句话说得对，离开了这个世界的人没了情感，没了思想，自然不会感到焦虑；但是，只要还活着、在呼吸，就可能遇到困难，就会感到焦虑。因此，为一些事情而焦虑是正常的，只要知道如何恰当地管理这些

没人可以不焦虑①

---

① 本书所有图片中的英文单词、短语的释义，详见文末《索引》。

焦虑情绪就好。

萨姆是一个商人，拥有数百万美元的公司资产。虽然他很富有，事业有成，但他对自己的生活却并不满意，他一直不断努力想要赚更多的钱。萨姆非常喜欢一家面条摊，常常去那里吃午饭。面条摊的老板李太太，虽然挣钱不多，却是个活泼快乐、随遇而安的人。

有一天，萨姆在面条摊吃东西时，注意到李太太的左耳戴了一只耳环，右耳却没戴。萨姆想，也许李太太不知道把另一只耳环放在哪儿了，所以没有问她。但是，下次再去，萨姆发现李太太仍然只戴着一只耳环，他开始感到好奇了。

知足常乐

于是萨姆问："嗨，李太太，我注意到你只戴了一只耳环，另一只是不是弄丢了？"

李太太微笑着说："不是的，萨姆，我只有一只耳环。"

"你为什么不买一对新的呢？"萨姆又问。

李太太笑眯眯地回答道："不用再买了，我已经有了一只耳环，而且我很喜欢它。"

萨姆继续追问："只戴一只耳环你也开心吗？"

"开心啊。我在意的是我已经拥有了一只耳环，而不是我少了一只耳环。这就是我一直开开心心的原因。"李太太笑着答道。

这个小故事告诉我们，只要把注意力集中在积极的一面上，就能让自己快乐起来。可是，许多人在现实生活中遇到困难时，往往只注意到事物消极的一面，变得悲观。如果我们能像故事中的李太太那样，就能看到事物光明的一面，从而让自己快乐起来。

让我们怀着这种愿望，去探索、去发现那些令青少年焦虑不已的事物或问题，帮助他们找到克服焦虑、得到快乐的方法吧！

第一章
完成学校的作业

当下的学生承受着越来越大的学习压力，产生焦虑情绪在所难免。以下哪种情况会令你烦躁不安或沮丧失意？

每天都被上课、锻炼、课外活动占得满满当当；

大人们对我们学业的期望越来越高，我们不得不将大量的休息时间用在课外辅导上；

课外活动的比赛安排过于频繁，占用了许多复习时间，影响学习。

…………

你是否也正被上述问题困扰呢？赶快翻开第一章，看看如何缓解这些情绪压力吧！

> 为了活着而工作，还是为了工作而活着？无论你
> 持哪一种生活态度，关键都在于：能够快乐地工作。

学校学业

工作是生活中不可或缺的重要组成部分。大人们每天都在岗位上辛苦地工作着——无论是办公室白领、商场或饭店里的服务人员，还是经营生意的企业家。青少年也在学校里忙于上课学习、参加体育锻炼，还要参加其他课外活动，可以说，没有一天是完全空闲的。

学校生活虽然充满着无数惊喜，但压力也无孔不入。例如，父母和社会大众期望孩子在学校取得优异的成绩，这就给

巨大的书包

孩子带来了沉重的压力，令他们焦灼不安。看看小学生背着的巨大书包，就不难想象到，他们正承受着的焦虑如同书包一般大。

分 数

现在越来越多的孩子能在考试中考得"优"。在过去，获得学士学位是一件了不起的事情；而现在，学士学位司空见惯，人们都在为硕士和博士学位努力奋斗。大人们对分数

快被学习压垮了

愈加重视，青少年花在学业上的时间也越来越多，除了正常的学校学习时间，他们还得花大量时间参加各个科目的课外辅导班。这种状况令青少年备感厌倦，承受着巨大的压力。

课外活动

课外活动（CCA）是丰富学生学习经历的活动，包括社团活动、俱乐部活动、体育活动，以及各类剧团表演活动等。学校里有丰富多彩的课外活动，学生们可以根据自己的兴趣选择参加。

课外活动过多

学校设置这些课外活动的出发点是值得称赞的，但有些学生在课外活动上花的时间比在学习上花的时间还多。比如，他们不得不经常代表学校参加各种竞赛。表演活动、俱乐部活动、社团竞赛，乃至国家体育运动赛事……这些比赛在学校的学年计划中比比皆是。正因如此，有些学生不得不每天在学校练习到很晚，他们自然就会因为没时间复习功课而感到焦虑。

竞赛得奖，是为学校争得荣誉，也是学生个人能力的证明。然而，参加这类活动不可避免地要耗费大量的时间和精力，学生的时间只有这么多，他们不得不像变戏法似的在学习与课外活动两者间把握平衡，难怪他们的压力会如此巨大！

更高的要求

尽管有媒体报道，从整体上看来，学生在学业上的表现一年比一年好，然而，我们也不应该忽视这样一个事实：学习已经变得越来越不容易了。

例如，对新加坡的部分学生来说，从小学过渡到中学已经非常不容易，他们要通过四门课程的毕业考试；而在

学习要求越来越高

中学的课程表中，会增加更多课程。这些课程对智力的要求更高，并且还要求学生具备不同的学习技能。从普通水平 (O Level) 提升到高级水平 (A Level) 再到考入大学，这个过程并不是一帆风顺的。为了经受住新的、更具挑战性的考验，学生不得不努力去适应每门课程的更高的要求。

所以，升入高一年级或进入新学校后，学生一开始可能会感到兴奋、新鲜，但接踵而来的，就是必须面对全新的、严格的并具有挑战性的学习要求所带来的压力。

更高的期望

新的要求会带来新的甚至更高的期望。尤其是在新学校或新环境中，每个学生都站在同一条起跑线上，人们期望他们取得比以前更好的成绩。因此，每个学生面前就会有一座更高的山峰等待他们去攀登，例如：

如果考了 80 分，就会期望得到 90 分。

如果考了 90 分，就会期望得到 100 分。

如果考了 100 分，就会期望继续保持这个分数。

如果不能再次取得 100 分，就会认为自己的成绩变差了。

攀登无止境

无论学生们多么努力，总有人对他们寄予更高的期望，因此，他们总是承受着更大的压力。

故事启示录

压力如山大

山姆是一所普通学校里的一名普通学生。他刚入学时，对学校里的各个事情都能应对自如，成绩中等，学习表现与之前预期的也相当。但是，随着父母对他的要求越来越高，情况就变得糟糕起来——父母开始拿他与亲戚家在国内顶级院校上学的孩子相比较。山姆感觉到压力之后，开始为自己在学校的成绩和表现而焦虑。然而，无论怎样努力，他总是无法学得更好。这对他造成了极大的负面影响，使他陷入抑郁中不能自拔，以至于家长和老师不得不带他去看心理医生，帮他找回自信。

GRADES

TAC

成绩下滑！

山姆的这个故事可以让人们

明白，对学生的期望过高，可能会适得其反。当然，这并不意味着学生们可以放任自己、放弃努力。每个学生都应当不断鞭策自己，适度发掘潜力，看看自己到底能达到什么程度。当然，一定要注意，"适度"二字很重要。

张弛有度

　　一条橡皮筋未被使用时，它就处于松弛状态，毫无形状可言；然而，如果被拉扯着超过了它能承受的极限，就

适时"换挡变速"

会断掉。大脑的工作原理同样如此：如果不经常动脑，人们的反应就会越来越迟钝；但是，如果让大脑持续处于紧张状态，得不到应有的休息，它早晚会崩溃的，到那时，人们可能就会疯掉。

因此，懂得该在什么时候放松至关重要。例如，在临近考试的时候我们就应该加大油门换成高速挡位，督促自己更努力地复习；而考试结束后，我们就应当松开油门，让自己好好休息和放松。花时间休息，让身体恢复活力是必不可少的，张弛有度才能使我们的体力和脑力处于最佳状态，这是我们在这个全球一体化的世界中好好生存下去的重要前提条件。

变化带来的阻力

世间唯一不变的就是变化。

尽管这句话是老生常谈，但我们还是应当予以重视。在学习的过程中，学习的内容在不断发生着变化，有些学生学习的专业也会发生变化，甚至有些学生的老师也会更换。而一旦发生变化，紧接着就会产生一些不确定因素，这些变化和不确定因素便造就了一个新的环境，学生们需

拒绝变化

要一段时间去适应。在适应的过程中，产生焦虑情绪是在所难免的。

所以，学生们升入新学校后，面对的是完全陌生的环境。对适应能力不错的学生而言，这不是个大问题，但对比较慢热的学生而言，或许就会面临一些困难。

谁动了我的奶酪?

畅销书作者斯宾塞·约翰逊博士写了一本非常精彩的书，书名为"谁动了我的奶酪"。这是一本读后令人感觉轻松愉快的书。书中讲的是两只小老鼠嗅嗅和匆匆与两个小

找到奶酪了！

矮人哼哼和唧唧在迷宫中寻找奶酪的故事。（奶酪其实代表着我们在生活中想要拥有的东西，诸如金钱、地位、功名或者是内心的宁静。）

嗅嗅能早早地闻出变化，而匆匆总是急于行动。哼哼是一个抗拒变化的人，因为他害怕面对变化引发的许多问题，而唧唧是一个能又快又好地适应变化的人。

于是，这几个形象鲜活饱满、性格各异的角色在有趣的环境中发生了一系列故事。我们可以想象得到，待到奶酪吃光那一天，每个角色会有什么反应。

生活不可能一成不变，变化无时无刻不在发生。不要

只是为变化感到焦虑却不
采取应对措施，或是不愿
应对变化而逃避现实。我
们应该做的是，尽量提前
预测变化并做好准备，未
雨绸缪，等到变化发生的
时候坦然面对。例如，我
们既然知道自己要进入一

拥抱变化

所新学校，并为此感到焦虑时，就应该去做一些有积极意
义的事情来消除焦虑。可以在网上搜集学校的信息，查清
要学多少门课程，以及这些课程是如何设置的；提前购买
教材，找到关于教材的评论并认真浏览，以便准备得更加
充分。

故事启示录

杂耍艺人

从前有一个杂耍艺人，他是马戏团里最引人注目的明
星，吸引了来自世界各地的观众，因为他能够用任何东西
来表演杂耍。没错，任何东西都可以——足球、宝剑、保

杂耍时间

龄球、电视机以及其他人们能够想到的任何东西。他表演的高潮是：现场任何一个人都可以指定自己感兴趣的物品做他的表演道具，不管抛什么给他，他都能完成表演。

一天晚上，一个小女孩得到了指定表演物品的机会。

"小姑娘，你想让我耍什么呢？"杂耍艺人问道。

"先生，你能够用时间来表演杂耍吗？"小姑娘问。

杂耍艺人惊讶地说："用时间来杂耍？"

"是的，你好像总是迟到。是不是你觉得杂耍时间很困难啊？"

杂耍艺人听了小姑娘的话，顿时目瞪口呆，哑口无言。

看来，对这个杂耍艺人而言，什么东西都可以成为他表演的道具，唯独面对时间，他束手无策。

糟糕的时间管理者

一天有 24 小时 1440 分钟，时间有限，并且你浪费的每一分钟永远无法找回来。在本系列的另一本书《再见，拖拖拉拉》中，我为大家指明了时间管理方面的问题，并提出了管理时间的技巧。

时间管理的要点在于规划时间。听起来容易，但很多人并没有去实践。你有那种总是迟到的朋友吗？他们上课迟到、参加课外活动迟到、交作业迟到，甚至连考试都迟到！

我们大部分人都有手表、闹钟、备忘录等，有些学生甚至还有智能手机，能把所有功能合而为一，并且还有待

让我再睡会儿！

办事项提醒功能。然而这些人为什么仍然会迟到呢？答案是，他们虽然有手表、手机，却没有遵守时间。

有些人为了看电视节目、浏览网页、与朋友在电话里或社交网站上聊天而熬夜，错过了休息时间。到了早晨，他们会一遍又一遍地按下闹钟上的停止键，因为他们困得起不了床。

起床后，他们就开始焦虑——是否会错过公交车（或地铁），上课是否会迟到，老师是否会在课堂上批评他们。他们还焦虑——一旦错过一节课的开头，就会听不明白老师后面讲的内容了，接着他们就会焦虑，如果他们自学，落下的课程会跟不上进度。

对迟到者我们有如下建议：遵守时间；定好闹铃，并至少留出 15 分钟的缓冲时间以防发生意外状况，例如堵车或下大雨导致公交车晚点。

不合理的优先顺序

青少年无法承担学习任务的另一个原因就是，没有按重要程度对手中的学习任务进行合理排序。一天的时间就那么多，能做的事情很有限，所以，我们不能指望一天完成太多的事情，而应该确定切实可行的每日完成目标。我

哪件事情应该优先处理？

们需要搞清楚自己每天能够完成的工作量是多少，然后据此制订相应的计划。

我们还要搞清楚任务的主次。对于一名学生而言，取得好成绩是需要优先考虑的事，但是，我们也不能为此忽视朋友，变成一个孤独的书虫。不过，临近考试，我们就应当安排更多的时间复习，少花一点时间和朋友出去玩耍。总而言之，安排时间来完成对我们来说最重要的事情是重中之重。

结论：学习是青少年生活中不可或缺的重要部分。也许学习并不是一件轻松的事，但这并不意味着我们不能在学习的过程中享受到快乐。

快乐地学习

第二章
注重自己的外在形象

大部分青少年都认为，只有长得漂亮、身材苗条才称得上外在形象好。其实，这是一种以偏概全的想法。外在形象是一个综合项，不仅包括外貌，还包括内在以及呈现出的精神状态。因此，青少年想让自己外在形象好，就得注意以下几点：

别盲目跟风，世上从来没有一种潮流适合所有人；
除非过度肥胖，不要节食减肥，以免损害身体健康；
别被明星的精修照影响，盲目跟风去美容甚至整容。

> 如果外在形象好，自我感觉就好；如果自我感觉好，外在形象自然就会更好。

外貌很重要

看着镜子中的自己，你觉得形象如何？

"我太胖了！"

"我脸上的痘痘太多了！"

"为什么我就没有朋友那样的沙漏形身材呢？"

"为什么我就不能拥有像她那样优美的曲线呢？"

这些话听起来是不是很耳熟？青少年对自己的外貌或形象不满意的时候，常常这样吐槽。俗话说："如果你看起来不漂亮，那么你的感觉就不会好。"在某种程度上来说，有一个令人满意的形象，的确会让我们的自

长痘痘了！

我感觉更好，相应地，我们的自我形象又会有所提升。现在有许多原因让人们更加关注自己的形象，比如同伴压力、媒体的影响，等等。

来自同伴的影响

朋友或同伴会影响我们对事物的看法。在线剑桥词典对"同伴压力"这个词语的解释是："一个群体对其成员产生的强烈影响，它促使成员们采取同样的行动。"同伴压力，或称同伴影响，就是指同伴能极大地影响我们对事物的看法，或者令我们采取与他们一致的行为方式。

小圈子排挤

为什么我们会感受到同伴压力呢？其实这很正常，因为没有一个人是独立存在的。人类具有社会属性，大家都需要归属感，没人愿意显得落伍或者与朋友格格不入。如果朋友看起来像模特一样、亭亭玉立、容光焕发、衣着光鲜，我们就会有压力，觉得自己应当像他们一样。于是，我们自己也会节食锻炼，严格地实行制订的变美计划。

　　研究表明，同伴影响与饮食失调之间具有重大关联，这一点在青春期少女身上体现得尤其明显。身边有过分关注体重的朋友的少女，相较于其他人，她们厌食或暴食的概率会更高一些。朋友对她们的影响产生于有关体重和饮食问题的讨论、调侃中，以及她们对"苗条的身材对同伴更有吸引力"这个观点的相信程度。

　　为了保持身材，一些青少年会疯狂地节食，有的只吃蔬菜，有的只吃几勺米饭，也有人为了减肥禁食碳水化合物，只吃肉。相信很多人都听过食物金字塔吧，米饭、面

小圈子排挤

TAC

包、面条和其他碳水化
合物构成了金字塔的基
础，占最大的比例。如
果不吃这些为我们提供
最重要的营养来源的食
物，我们能有多健康
呢？难怪长期过度节食
的青少年最终往往会暴
饮暴食或者厌食。因此，

节食减肥

要保持享受美食的态度，不要过度节食，但也不要一味放
纵自己，胡吃海塞。

　　如果在你的圈子里大家都在减肥，你也别盲目跟风，
除非你过度肥胖、体重指数过高，确实需要减肥。每个人
都是独一无二的，要对自己的外表充满自信。对青少年而
言，友谊并不是外表和行为上的跟风，友谊是能与朋友分
享和交流，在思想上产生共鸣。如果你的朋友仅仅因为你
不像他一样纤瘦或肌肉发达就不喜欢你，那就不是你真正
的朋友。

来自媒体的影响

也许我们的朋友和其他爱我们的人并不是令我们为体重和外貌焦虑不安的因素。随意翻开一本时尚娱乐杂志，我们就能看到许多模样漂亮、衣着光鲜的明星，他们穿的衣服都是由国际知名的服装设计师设计的。他们看起来或美丽或帅气，很有魅力，情不自禁地，我们就会希望自己也能成为和他们一样的焦点人物。但是别忘了，你在杂志上看到的那些照片，可能是精心计算角度、巧妙使用灯光拍出来并用软件仔细修饰过的。这些小技巧可以让明星在

媒体的影响

杂志和荧屏上看起来更漂亮。

现在在国际上，体重过轻的模特，即所谓的"零号身材"模特（在美国，零号是腰围小于60厘米或23英寸的人适用的服装号码，通常为童装的尺码）已经成为饱受诟病的负面形象。因为他们可能会误导青少年，让青少年对健美的外貌产生误解，为追求病态的"美"而患上暴饮暴食症或厌食症。

自从一对零号身材的模特姐妹死去后，越来越多的人站出来呼吁禁用太瘦的模特，因为人们怀疑那对姐妹死于过度节食导致的营养不良。

随着医疗技术的提高和生活条件的改善，一些青少年不再满足于面部护理和健身疗养，为了追求美，他们还会去医院进行美容甚至整形。

丑小鸭变白天鹅

相信大家都听过丑小鸭的故事吧！这只小鸭子从小就为自己的丑陋外形而自卑，可长大后才发现，自己其实是一只漂亮的天鹅。

尽管故事有一个皆大欢喜的结尾，但过程仍值得人深

思：丑小鸭一直深受丑陋外表的困扰，也无法让别人接受她。她后来变得幸福，也是因为她其实是一只漂亮的天鹅。

许多人过度在意自己的外表，反而忽略了内在美，诸如爱、同情、善良和体贴。

丑小鸭

难道美只停留于表面吗？但愿不是。外表虽然重要，但内在美的意义更加重大，因为它构成了人的品质，是一个人的核心所在。因此，人们应该加倍重视并努力发掘的是自己以及他人的内在美。

第一印象很重要

你知道吗，当遇到一个陌生人的时候，在几秒钟之内你就会形成关于他的第一印象。在那几秒钟里，我们的大脑给对方拍了一张快照，形成了自己的看法。尽管第一印象并不完全准确，但是它会在我们的脑海中久久逗留，因此我们常说，第一印象很难改变。

那么，我们该怎样做才能给人留下良好的第一印象呢？答案非常简单——打扮大方得体即可。

我们没必要花费一个月的工资去买一件名牌连衣裙或者衬衫，只需要根据场合恰当着装即可。如果去参加服务行业的面试，就应该选择时尚得体的衣服，而不能穿着T恤衫和牛仔裤。但是，如果去参加创意行业的面试，正式的商务装就不太合适。关键是着装要大方得体。

除了衣着，想要给人留下良好的第一印象，好好修饰

得体的装扮

自己的外貌也起着关键的作用。我们不能改变自己的相貌（虽然可以通过整容手术人为地改变，但这不是我们应该考虑的方式），但能够并且应当尽量展现出自己最好的形象。干净整洁的形象总是不会出错的。去剪一个适合自己的发型，把头发梳理整齐；认真刷牙，确保齿缝不会留有食物残渣。男孩记得刮干净胡子；女孩应该化个能让自己外表加分的淡妆，当然，如果是去参加正式的晚会、聚餐或舞会，就化个更加华丽的亮闪闪的妆容吧！（如果想将自己修饰得更美好，你也可以付费请专业化妆师来化妆。）

试想一下，如果推门进来的求职者头发凌乱、胡子拉碴、穿着满是污渍的白衬衫和皱皱巴巴的裤子，面试官会对他印象良好并给他工作机会吗？恐怕不会。他不整洁的形象会给面试官留下一个他对工作不认真的印象。

展示你的自信

除了好好打扮，言行举止也很重要。我们应行得端、站得直，处处流露出足够的自信。

请记住，没有人喜欢迟到的人，比规定的时间早几分钟

自信地微笑

到达会场是很有必要的，这可以让我们避免因为赶时间而看起来慌张匆忙、汗流浃背。如果面试一开始，我们就不得不因为迟到而向面试官道歉，那如何能展示出你的自信呢？

　　另外，请记得始终面带微笑，它能告诉大家，你是一个友好热情的人。当你微笑时，对方很难不向你回以微笑，而且他会不由自主地对你印象更好。所以，请展示出你如珍珠般白亮的牙齿以及满满的自信吧！

结论：外在形象是很重要的，所以，我们必须着装得体、注重修饰外貌，并在所有人所有事面前表现出足够的自信。

自信面对

第三章
学会处理人际关系

大多数朋友都能和我们共享秘密、彼此鼓励，但也会有一些"有毒的朋友"令我们烦恼，如坐针毡：

不信守承诺，借口无数的人；
背信弃义，暗地里中伤别人的人；
以自我为中心，完全不顾朋友感受的人；
喜欢四处散播别人秘密的人；
好胜心强，只能赢、输不起的人；
总爱挑剔别人、批评别人的人。

想想看，你身边有这样的朋友吗？如果有，而且你正为此感到困扰的话，就赶紧翻开本章内容，看看应该如何与这几类朋友打交道吧！

> 在家靠父母，出门靠朋友。

人际关系有时候会令我们困扰，然而，要想在生活中保持正常的社会交往并获得快乐，这些关系又是必不可少的。接下来我们一起来看看青少年不得不面对哪些人际关系，在不得不应付一些错综复杂的关系时，该如何处理好它们。

与父母的关系

感谢父母把我们带到这个世界上来，并在各个方面照顾我们，把我们培养成一个独立的个体。可是许多人在成长的过程中，渐渐忘记了这一点，把父母的养育视作理所当然。在这种情况下，他们只看到父母的管教，认为父母太专横。

毋庸置疑，确实有部分父母占有欲和控制欲太强，不停地唠叨并限制孩子的自由，让孩子的叛逆心越来越强。然而，我们一定不能忘记，在大部分情况下，父母无论做什么，都是在为我们着想。因此，只要合情合理，请尽可

尊重父母

能地尊重父母的意见，这样你会发现，你与他们的关系变得更轻松愉快了。

与兄弟姐妹的关系

对于有兄弟姐妹的青少年来说，手足之争是不可避免的。兄弟姐妹的存在确实能让我们享受到更多的关爱与陪伴，但他们有时候也非常惹人厌。

你和你的兄弟姐妹之间，发生过如下争执吗？

吵闹不休

为谁先使用卫生间吵架。

为争夺冰箱里最后那罐饮料而打架。

为看什么电视节目起争执。

为全家是去看电影还是去度假而发生冲突。

············

我们应当如何应对这些问题？

故事启示录

手足之争

简和珍妮特是一对孪生姐妹，很多人都以为她们亲密无间并共享彼此的一切。但这样的想法大错特错，两姐妹经常争吵，不管什么事都要分个高下。她们相互竞争，比谁的考试分数更高，看谁的课外活动完成得更多。她们没有一天不争不吵。父母只能摇头叹息，不知道怎样才能让这对孪生姐妹融洽相处。

手足之争

每个人都是独一无二的，但有时父母会忘记这一点。他们认为自己的孩子们既然来自同一个基因库，就应该是相似的。因此，当孩子们将他们惹恼时，他们就会将这些孩子比来比去：

你为什么这么懒？你姐姐早就完成作业了。

你哥哥当年上学的时候每科成绩都很优秀，在班里的排名也一直遥遥领先。

你为什么这么胖？看你姐姐多苗条，穿什么衣服都好看。

…………

类似的比较没完没了！

也许父母是想激励你，让你变得更好，但没人喜欢被拿来和别人做比较。当你的表现和成绩不及你的兄弟姐妹时，你会感到很自卑、不被人喜欢。这简直太糟糕了，给日常生活增添了巨大的压力。

如果想要缓解这种压力，你就应该努力发掘自己的长处，找到自己的特点，并且好好处理自己与兄弟姐妹的关系。最好还能与父母谈一谈，让他们了解你的长处及特点，停止这种比较。

与朋友的关系

　　著名的哲学家亚里士多德说过，处理好与朋友的关系，是一种可以让生命更加高尚的方法，这种高尚的生命具有勇敢、慷慨和博爱等特点。也就是说，朋友可以帮助我们了解自己是什么样的人，我们的思想、活动和行为方式都会在与朋友的互动中受到影响。所以，朋友是我们生活中不可或缺的部分，没有人是一座孤岛。

亚里士多德

　　对于许多青少年来说，友谊是他们生活中的头等大事。有些人觉得朋友比家人更了解自己，甚至与朋友的关系比与家人更亲近。虽然我们与朋友相处的时间很多，发生冲突的可能性也很大，但总的来说，当你想与人分享欢乐或忧虑，遇到问题需要帮助时，朋友就是可以依赖的人。当你快乐时，他们会为你欢呼；当你悲伤或烦恼时，他们会鼓励你振作起来。不过，也有一些朋友会让我们感觉更糟糕而非更好，那就是"有毒的朋友"。

互相扶持

所谓有毒的朋友，是指那些有时会令你如坐针毡的朋友。他们的行为令你烦恼，让你疑惑自己为什么会和他们交朋友，并想设法和他们结束友谊。

根据社会学家严雅歌博士的研究，以下六种就是有毒的朋友，遇到就快快躲开吧！

第一，不信守承诺的人。

不信守承诺的人总会为自己的食言想出各种各样的理由和借口，不管是不能按时赴约还是没能按承诺完成任务。想要处理好与这类朋友的关系，我们必须随时准备好备用方案，并且，在过程中不断提醒他们履行承诺。

不信守承诺的人

　　第二，背信弃义的人。

　　背信弃义的人是指那些背叛我们并传播谣言，中伤我们的人。对于这种朋友，我们最好敬而远之，慢慢结束与他们的友谊。

　　第三，以自我为中心的人。

　　这类人关注自己远超过关注他人。在聊天的过程中，他们会不停地谈论自己。与这类朋友通电话有时候真是一件令人烦恼的事。想要处理好与这类朋友的关系，最好的办法是与他们一起去参加集体活动或者户外运动，分散他

以自我为中心的人

们的注意力。

第四，爱爆料的人。

爱爆料的人真像一个广播电台——告诉他的任何事情，都会以迅雷不及掩耳之势传播开来。如果我们不想让自己的秘密公之于众，当这种朋友在旁边时，我们说话就得当心了。

第五，好胜的人。

好胜的人无时无刻不在与他人比较和竞争，他们这样做，也许是天性使然。聊天时，他们会不停地谈论自己取得的成就，与这类人相处可不是件容易的事。如果你想和他们交朋友，那就需要你甘于充当配角。

爱泄密的人

第六，吹毛求疵的人。

吹毛求疵的人总爱挑剔、批评别人。与他们相处时，无论我们说什么或做什么，他们永远不会满意，我们的

吹毛求疵的人

每一个选择或决定都会遭到他们的批评和埋怨。如果要和这类人聚会，最好让他们决定去哪里和做什么。

如果我们发现，为了维持与这几类人的友谊自己背负太沉重的包袱，我们就可以用上面概括的那些办法来更好地处理与他们的关系。然而，如果已经努力尝试，仍然处理不好，我们就应该远离他们，去寻找新的朋友。

孤　独

有些人不轻易交朋友，在确定对方为朋友之前，他们往往会考验一下对方的耐心。不过，不管怎样，总有人能通过考验，他们总会有朋友的。

可没有朋友怎么办？总有些人相较于一般人更加腼腆羞怯，很难找到理解他们的人。因此，他们的朋友不多，并且几乎没有可以讲真心话的人。

如果因为没有朋友可以交流而感到孤独，就应该努力尝试去结交更多的朋友。轻敲键盘进入朋友们常用的社交平台，比如班级同学群、课外活动小组群、兴趣小组群。其实我们本就是同学，只需要努力破冰，对他们微笑、与

没朋友，太孤独

他们交谈、加深对他们的了解就行了。我们可以想办法将他们加为脸书好友，这样就能更深入地了解他们的兴趣爱好，还能认识他们的朋友。也可以问他们要电子邮箱及手机号码，这样就能够常常与他们聊天或者邀请他们一起出去玩儿。

万事开头难，但是一旦开了头，接下来的事情就可以顺理成章地向前推进了。

沟通是关键

　　一切关系要维持或者保持融洽的关键都在于沟通。许多人都以为，沟通就是说话，只要我们和对方说话，关系就能够建立起来，联系就可以加强。但这并不完全正确。任何关系的维持，都是在说和听的双向过程中实现的。许多人把交流的重点集中在说上面，根本不重视倾听他人在说什么。

　　看看繁体字"聽"的构成就可以知道，听的时候，要用到我们的"耳""目""心"。也就是说，当我们倾听别人的意见时，我们要全心全意地关注讲话者，将他们视为焦

"聽"的结构

点与中心！

　　因此，主动地倾听对于理解他人是必不可少的。当我们
能够做到倾听并体谅对方感受的时候，人们会更加欣赏我们。

赞美还是抱怨？

　　赞美让人微笑，抱怨让人皱眉。

　　没有人喜欢听到抱怨，尤其是当这些抱怨是冲自己而
来的时候。抱怨之所以让我们感到痛苦，是因为别人指出我
们做错了事或者在某些方面存在不足。例如，当老师向父母
抱怨我们在班里表现不好或者成绩差时，我们就会焦虑
不安。

　　但是，每个人都喜欢听到赞美。赞美是对我们表现的

赞美还是抱怨？

向着一个方向前进

肯定，能够振奋我们的精神、激励我们继续向前。别人赞
美我们的好成绩和值得效仿的行为时，总是能让我们面露
微笑。赞美也让我们的自我感觉更好。

恰当地处理人际关系

处理人际关系就好像是在驾驶一艘轮船。我们需要与
对方达成共识，以便齐心协力地朝着一个方向前进。

当情势需要我们随波逐流的时候，我们可以跟随浪潮前进，但是我们的信念和诚信无论何时都不能动摇。不管想维持好什么关系，都需要大家既有付出又有索取，互相迁就。不管是与谁相处，如果总是一味地付出，我们就会感觉被掏空，会发现这种关系毫无意义。而如果只知一味地向别人索取，我们也会感觉自己像寄生虫一样，这种关系的生命力终将被吸食殆尽。

因此，我们需要找到平衡点，争取达到双赢的状态，以便使这种关系更有意义、更有价值。

结论：人际关系有可能很棘手、很难处理。处理得不好，我们可能会让周围的人郁郁寡欢，很不满意；处理得好，我们不仅可以和身边的人融洽相处，还能不断结交到新的、更好的朋友。

别让焦虑打败你

RELATIONSHIPS

处理好人际关系 TAC

第四章
管理资源

我们生活在这个社会中，被各种资源包围着，要具备管理资源的能力才能生活得更好。那么，对于青少年而言，有哪些重要的资源需要好好管理呢？

每个人都要用到的东西——钱；
彼此信赖的朋友；
等待开发的潜能和天赋；
宝贵的青春时光。

既然拥有这么多宝贵的资源，我们就应该好好管理、正确使用它们。从现在开始，用对方法，使它们成为我们的成长优势吧！

> 通往成功需要勇敢地迈出第一步，这往往需要资源支持。

当下的世界

在理想的世界中，青少年不用为钱发愁，尤其当他们还是学生，没有参加工作的时候。然而，在现实生活中，由于通货膨胀和贫富差距拉大等原因，一些来自低收入家庭的青少年会陷入经济困境，父母给的零花钱可能不够用，他们在学校可能没有足够的钱吃饭、买新教材，更别提跟朋友一起去看电影了。

有些青少年需要在课余时间做兼职来补贴家用，但是如果没有足够的时间复习或做作业，他们的学业又会受到影响。显然，他们也没有足够的钱和时间去上补习

陷入经济困境

班。这样一来，这些来自低收入家庭的孩子很可能不仅没办法取得好成绩，甚至还会过早辍学去工作挣钱。因为没有高学历，他们能找到的工作报酬可能较低，并不能改善家庭的经济条件。

那些没能得到外界帮助和外界的资源的孩子，想在当下这个世界生活好并不容易，他们可能会感觉到，生活就像爬山一样艰难。

金钱不是万能的

不是每个人都含着金汤匙出生，我们常常会羡慕那些家境优裕，能从父母那里得到大把零花钱的人。从潮牌运动鞋到最新的电子产品，这些青少年有足够的资源，几乎能够得到他们想要或需要的任何东西。没错，这里有个关键词"几乎"——因为钱并不能买到所有的东西。举个例子，钱能够买到快乐吗？

关于这个问题大体上有两种观点：一种观点认为，钱不能买到快乐，它只能为我们买到具体的物品，比如名牌商品以及其他在这个世界上能被制造出来的物品。而另一种观点认为，钱能够买到快乐——买到渴望拥有的物品，

快乐的价格

不就能让我们获得快乐吗？用金钱来满足物质欲望，人们就能在其中获得快乐。这两种观点各有一定的道理，物质欲望可以靠金钱满足，但想要得到超越物质的精神满足，金钱就爱莫能助了。

当然，金钱确实是人们需要的、很重要的资源。几乎每个人都想拥有更多的财富，不嫌多；用钱可以买到许多东西，可以在一定程度上让人们生活得更好。但是，青少年应当正确地看待金钱资源。家境富裕的青少年应当珍惜并好好利用这个有利条件，努力奋斗，争取更上一层楼。家境贫寒的青少年也不要沮丧失意，应当正确看待生活对自己的考验，坚定信念，积极进取，靠自己的努力去争取更大的成功。

朋 友

中国有这么一句谚语："在家靠父母，出门靠朋友。"这句话翻译成英文是：At home, one relies on parents; away from home, one relies on friends. 这句话说得非常正确。

在家庭中，父母是我们的支柱，给我们提建议，并且在我们碰到困难的时候，还能够为我们提供解决问题的方

朋友是指路明灯

案。他们照料我们，尽力满足我们的需要和要求。

离家在外时，无论是上学还是工作，朋友就成了我们的支持者。在我们有需要的时候，真正的朋友就是可以依赖的人，他们向我们伸出援手，就像是一盏指路明灯，引领我们走出黑暗。出门在外，如果没有朋友的相互扶持，我们就好像是一艘没有帆的船，容易在困境中迷失方向。

所以说，朋友也是我们生命中宝贵的财富。值得注意的是，与朋友相处时，我们不能只是理所当然地接受他们的付出，应当在他们有需要的时候站出来支持他们。毕竟，患难见真情。

故事启示录

蚂蚁和小鸟

一天，一只蚂蚁来到了河边。它感到口渴，就弯腰去喝水，一不小心失足掉进了河里，无论怎么挣扎，都没法逃上岸。

蚂蚁闭上眼睛想着：今天我的这条小命就要结束了。就在这时，一片树叶从空中飘下来落在了它的旁边。真是太幸运了！它赶快爬上了树叶，终于安全了。蚂蚁望向天空，想感谢上天赐予自己的好运，却看到一只小鸟在上空盘旋着，对它微笑。蚂蚁这时才明白过来，原来是小鸟抛下树叶，救了自己。

第二天，蚂蚁外出时，看到小鸟在田里找虫子吃。它专心地寻找着虫子，没有注意到有人正拿着网子悄悄靠近它。这个人突然撒网，一下罩住了小鸟。小鸟吓坏了，东冲西突，挣扎着想逃出去，可惜无济于事。就在小鸟快要绝望的时候，这个人突然大叫一声，扔下了手中的网，小鸟趁机逃走了。重获自由的小鸟回过头去，发现原来是自己救助过的那只蚂蚁拼尽全力狠狠咬了这个人一口，才帮助它重获自由。

互相帮助

所以说，对别人付出好心，终能得到善意的回报。

技能和天分

很多人没有意识到，其实每个人都有潜能和天赋等待开发。有些人是天生的运动员——可以毫不费劲地跑很长

超级漫画迷

的距离；有些人极具音乐天分——一段旋律只听一遍就可以记住并哼出来；有些人是电脑游戏专家。世界知名的F1方程式赛车手刘易斯·汉密尔顿小时候是遥控赛车比赛能手。稍稍长大后，他参加卡丁车运动，赢得了几场比赛的冠军。不久以后，他参加了F1比赛，刷新了积分纪录，赢得了一场又一场比赛的冠军。

我从小就是一个超级漫画迷，书中精彩的漫画令我着迷，我常常一看就是好几个小时。这激发了我对艺术的兴趣，于是我参加了艺术教育课程，刻苦练习，提高水平，渴望有一天能成为出色的漫画家。很快机遇就降临了——我的漫画作品发表在了本地的一家中文报纸上。之后不久，我又受邀为一本周刊的漫画专栏供稿。尽管这只持续了一年，但是，我得到了展示自己的机会，积累了经验，也增强了信心。重要的是，这段经历还为我打开了另一扇门，让我自此开始从事自由撰稿工作。更自信后，我创作了一本书来展示自己的漫画作品，后来，本系列丛书也应运而生。

对自己所做的事保持激情并坚持下去，你的潜能、天赋终会显现出来。并且，花一些时间来好好想一想，自己到底擅长什么，然后努力将相应的潜能和天赋发挥到极致。

青春时光

中国人爱说这么一句话："少壮不努力，老大徒伤悲。"意思是，若你年轻的时候不为自己的梦想去发奋努力，年老后你就会感到很后悔。

拥有青春是一件值得祝福的事，可惜很多青少年并未意识到这一点。年轻是一笔宝贵的财富，如果在年轻时能够充分发挥出自己的潜能，就能获得巨大的回报。青少年拥有的能量和激情可以成为驱动力，推动他们迈向更高、更远的目标。青少年会有许多机会去探索、学习和成长，因为他们年轻，有大把时间在手。

许多人在年轻的时候没能好好地把握时间。他们没有清晰的目标，去娱乐场所玩游戏，去购物中心闲逛，放任时光一点一滴地逝去。当意识到自己的所作所为多么愚蠢时，他们可能已经长大，浪费了生命中许多宝贵的时光。

抓住青春年少的时光，集中精力做事才是明智的做法。

伟大的演说家

在学生时代，青少年应该树立目标并努力去实现它们；努力做到高效地利用时间，及早发掘出自己的特点、优势和天分；勤奋学习，让自己渐渐成长为一个优秀的学生，最好能取得足以获得奖学金的好成绩，以便能朝着生命中更大的目标前进。或者，也可以多花时间磨炼自己，从多个方面提高自己的能力，例如演讲能力、领导才能及其他技能。积极参加社区服务活动，把欢乐带给老年人和孤独的人，帮助贫困儿童学习。在做这些事情的过程中，你就能够学会超越自己向前看，眼界更加开阔，还能给那些处于困难中的人提供力所能及的帮助。

　　因此，珍惜我们现在所拥有的时间吧，合理、聪明地加以利用，不要让宝贵的时间悄悄溜走，要知道。白白流逝的每一分每一秒，可都是我们宝贵的青春呀！

结论：资源无处不在，但是如果你想让它们成为你的优势，就要学会好好地管理和使用它们。

如何管理资源？

第五章
搞定负能量

如果在学习和生活中产生了消极思想，觉得自己被负面情绪困扰，不要紧张，只要做到以下几点，就能有效抑制、缓解它们：

首先，客观评估消极思想可能带来的后果，很多时候，事情也许并没有你想象的那么严重。

其次，找到消极思想产生的原因，与学校、家人或朋友有关吗？

再次，别逃避，勇敢面对，主动采取行动以避免消极思想演变为焦虑情绪。

> 如果心里缺少美好的愿望，身体就会缺乏前进的力量。

负面情绪

你是否遇见过这样的情况——小饭馆的桌上堆满垃圾、座椅上沾着鸟粪？看到这种情形，你的第一反应是什么？你心里一定在想：太讨厌了，简直令人作呕！

惹人厌的环境

这会是大多数人的正常反应，因为这种情况的确会令人望而却步、大倒胃口。但是，如果每每碰到糟糕的情况都是这种反应，那我们大部分时间都会处于消极的状态中。这可不是我们需要的状态。

尽管在遇到危机时我们首先感到沮丧是正常的，然而，我们不能总是消极以待。总是持有消极态度的人被称为悲观主义者。他们对世界上的所有事情都感到焦虑，即使事态已经好转，他们还是会把注意力集中在消极的一面上。

你遇到过这种人吗？

焦虑症患者

就年龄而言，威廉是一个标准的青少年，同时，他也有不"标准"之处：他是一个焦虑症患者。尽管学校的功课和考试他都应付自如，但他仍不满意自己的成绩——如果考了 80 分，他不会感到高兴，而是为丢了 20 分而烦恼。并且，即使这次考得特别好，得了满分，他也会为下一次能否再得满分而焦虑。由于具有这种不可思议的能力，威廉总能够在正面积极的事物中看见负面消极的地方，因此

焦虑症患者威廉

他得到了一个外号——焦虑症患者威廉!

　　焦虑症患者总是将注意力集中在可能发生的最坏的状况上。如果为一件事情感到焦虑,由此能够促使我们去克服困难,这样的焦虑就是有益的;然而,如果一味地焦虑,使自己失去了行动能力、无法前进,这样的焦虑就会对我们产生有害的影响,我们应该设法克服它。

粉色的大象

"别去幻想一头粉色的大象。"

听了这话，你真的就不会想粉色的大象了还是脑海里立马就浮现出粉色大象的形象来？

经过测试，几乎每个人一听到那句话，都会立马幻想出一头粉色的大象来。我们的大脑有时的确会搞出一些"恶作剧"来：越是努力告诉自己别去想某一个东西，思维反而越会纠缠在那个东西的细节上，甚至有时还会将其放大。看来我们的大脑似乎不明白"不要"这个词的含义，反而聚焦在我们试图"不要"的事物上。

因此，当我们告诉自己不要总是抱着消极负面的想法时，大脑反而就专注在这种想法上了。

粉色的大象

赶走消极的想法

那么，怎样做才能消除在极端情况下可能会把我们压垮的消极想法呢？

如果那些消极想法真的产生了，赶走它们的一个有效方法就是，认真、客观地评估消极想法可能导致的后果。例如，如果你担心不按时交作业会被开除的话，就想象一下，如果发生了这种情况，可能出现什么结果？真的会被开除吗？类似的情况在其他人身上发生过吗？那个人是否真被开除了？应该没有吧。

校　长

没能按时完成作业的人很可能会受到老师的批评，最糟糕的状况是，他可能不得不到校长面前去做检讨。因此，当产生消极想法时，你需要认真考虑一下消极想法可能导致的合理的后果。

考虑过可能出现的后果之后，接下来就要尝试找出办法阻止问题发生，避免产生焦虑情绪。是因为作业太难无法完成，还是因为时间不够呢？如果是前者，就应该寻求帮助；如果是后者，就应该合理地安排时间。

你看，你所焦虑的事情其实并没有那么可怕，对吧？我们只需要换个角度正确看待它，并采取相应的措施来解决就好了。

故事启示录

皮格马利翁效应

在希腊神话中，皮格马利翁是一位雕塑家，他用象牙雕刻出了一个女人。这个象牙雕像栩栩如生，皮格马利翁情不自禁地爱上了它。他每天献花给它，并且花很多时间陪伴它。皮格马利翁相信，雕像终有一日可以变成真正的女人。他每天虔诚地祈祷，打动了维纳斯女神，这一天终于到来了，雕像活了过来！皮格马利翁非常开心，高兴地

皮格马利翁

迎娶了这个由他雕刻出来的女人。

　　这个故事向我们展示了信念的力量。正因为皮格马利翁坚信雕像可以活过来，最终才靠着意志力让它拥有了生命（当然还借助了神的力量）。皮格马利翁效应其实就是梦想成真的一种形式。这就意味着，一个人如果给自己贴上了意志消沉者的标签，标签会被内化，这个人就会低估自己，最终很可能导致失败。同样，一个人如果被贴上了积极的标签，他就会对自己有很高的期许，并且最终很可能会获得成功。

　　因此，别再专注于消极的想法了，我们应该以积极的想法来引导自己的能量，找到有效的方法来消除消极的思想，并且代之以积极的思想吧！

消极还是积极？

阻止雪球越滚越大

另一个可以有效抑制消极思想和焦虑情绪的办法是，不要让它们变得越来越严重。就像雪球越滚越大一样，如果放任消极的念头滋长，它们就会越演越烈。所以，我们应该尽早解决掉所有的消极思想。

首先，我们需要找出消极思想产生的原因。

越演越烈！

与学校或学习有关，还是由于和朋友或家人发生了争执？我们能够自己解决这个问题，还是需要朋友或更有经验的人来帮助我们或提出建议？

其次，非常重要的一点：要主动采取行动、措施去处理问题。我们可能不能彻底解决问题，但所采取的措施也可以帮助我们把问题看得更清楚，也许能降低问题的严重程度。

宿命论

我们在焦虑的时候做得最糟糕的事情就是，什么都不做。对于宿命论者来说，命运的安排他们照单全收。能够接受自己是谁可能是一件好事情，但是如果什么都不做，只简单地接受突然降到我们头上的所有坏结果，那我们跟因为惧怕天要塌下来而拒绝将头伸出壳的乌龟有什么两样呢？

因此，我们应该面对现实，而不是相信宿命。我们应该认

杞人忧天

清自己焦虑的原因，并意识到并非所有的焦虑都是有害的，就能够直面焦虑并克服它。

结论：当被消极的乌云笼罩的时候，我们应该控制自己的思想、管理自己的情绪，让积极向上的阳光穿过乌云，洒向我们的心田。

拨云见日

第六章
让自己幽默起来

对肩负着沉重学习压力的青少年而言，幽默和欢笑能帮助他们从以下几方面改善心理健康状况：

幽默能让人转换视角，以更轻松的心态面对眼前的困境；

笑声能消除沮丧、愤怒、焦虑等负面情绪；

笑声能让大脑活跃起来，让人保持清醒状态。

不止如此，幽默和欢笑对青少年的身体健康和社交活动也非常有益。下面就让我们一起进入本章节去看一看吧！

> 每天笑一笑，焦虑远离你。

生活离不开幽默

　　生活就像过山车，总是起起落落，跌宕起伏。当一切都尽如人意时，生活如同温和拂面的微风，令人愉悦舒适；而一旦面临挑战，它就会令人感到压力巨大、不堪

解决棘手的问题

重负。在这个时候，我们就应该停下来休息一下，想办法让自己放松下来，开心起来。方法很多，例如看一部喜剧、浏览网上的搞笑段子，或者看看有趣的图画或动画片。

这样做的主要目的是想让幽默占据我们的意识，让自己暂时忘记焦虑。我们不能沉浸在焦虑引起的紧张情绪中，而需要放手和放松。这样休息一会儿，我们就会感觉整个人精神好起来了，重新振作起来了。谁知道呢，这样做说不定还能帮助我们从不同的角度去思考，从而解决困扰我们的棘手的问题。

欢笑和幽默——缓解焦虑的良药

"每天一苹果，医生远离我。"这则谚语说明合理的饮食和有规律的生活方式对保持身体健康十分重要。其实，保持心理健康也同样重要。

健康果

在这方面，欢笑和幽默可以给我们带来极大的益处。有研究表明，每天笑得越多，对我们的健康越好。以下就是笑口常开的一些益处：

对身体健康的益处

第一，欢笑有助于身体放松。

欢笑有助于缓解肌肉紧张，减轻压力，增加身体的能量。通常，我们在开怀大笑后会感觉自己精力更充沛。

第二，欢笑能够刺激内啡肽的分泌。

内啡肽是人体自然产生的使人感觉良好的化合物，它不仅能够让人感觉心情愉悦，还能缓解人体的疼痛感。

欢笑让人放松

第三，欢笑能增强免疫系统的功能。

欢笑可以激活人体的免疫系统，增加抗体，因此，它能提高我们对于疾病的抵抗力。

对于心理健康的益处

第一，幽默能转换我们的视角。

幽默能使我们以一种更轻松的心态去看待面临的困境，进行远距离观察和思考。在这种情况下，我们有时甚至能够看到其中有趣的一面。这样，我们就不会被困难压垮了。

第二，欢笑能消除消极情绪。

当我们欢歌笑语的时候，快乐的感觉就会压倒沮丧、焦虑、愤怒等消极情绪。

第三，欢笑能提高大脑的活跃度。

欢笑能够刺激大脑运动，让它活跃起来，保持清醒。这个时候，我们就能更牢固地记住学到的知识。

"溶解"消极

对于社交活动的益处

第一，幽默能让我们与他人紧密联系。

欢笑能够缓解紧张的情绪，让大家更加团结。分享同一类幽默的人，更有可能走到一起。

轻松交往

第二，幽默能让我们的行为举止更自然。

幽默有助于释放压抑的情绪，让我们成为真实的自己。

第三，欢笑能让我们卸下心中的防御。

笑成一片的时候，我们就会放下戒备心理，对同伴做出不同的判断。

欢笑和幽默有这么多益处，对我们的生活而言简直太重要了。每天都为自己也为别人制造一些乐趣、增加一些笑声吧，这是非常明智的行为。

笑声疗法

诺曼·库辛是美国记者、作家和教授。他被诊断为绝症晚期，只有 6 个月的生命了。关于自己的病情，库辛深思熟虑之后意识到，焦虑、沮丧以及其他消极情绪或许是导致他罹患这种疾病的原因。如果这是真的，那么乐观积

笑声疗法

笑声是良药

极的情绪也许就能够治愈他。于是，他决定在自己身上进行一项实验。

库辛租来所有能够找到的喜剧电影，多多阅读幽默故事。他甚至请求朋友们一旦有笑话可以分享，或者遇到了任何有趣的事情，都要打电话告诉他。库辛每天至少笑十分钟，这不仅可以缓解他必须忍受的几个小时的疼痛，还让他可以多休息一会儿，睡眠质量也更高。正因为有积极乐观的思想和心态、家人与朋友的关心和爱护，当然还有笑声和幽默，经过一段时间的治疗，库辛渐渐康复了，又快乐地生活了二十多年。

对库辛而言，笑声有着强大积极的治疗效果。尽管对于是否把笑作为一种治疗手段这个问题，医学界仍然存有争议，但快乐和乐观积极的情绪对于在康复过程中的病人而言，确实具有重大的影响力。乐观积极的病人，会时常感觉精神振奋，深受鼓舞。当自我感觉良好的时候，我们的身体也会开始感觉良好。

有人说过这样一句非常精辟的话："有些疾病是会传染的，但没有任何疾病比治愈性的笑声更具传染力。"

※ 小贴士：如何让我们的生活充满阳光 ※

微笑每一天

欢笑之前先有微笑。当看到令人愉快或有趣的事物时，请微笑；当别人对你微笑时，请微笑；当看到一个可爱的小宝宝时，请微笑；当遇到一个友好的店主时，请微笑。微笑是有传染力的——当我们微笑时，别人也会报以微笑。所以，请从微笑开始做起，让笑容照亮我们的每一天。

每天读笑话

报纸上所报道的事件，无论是自然灾害、失业，还是股市波动，都可能会让我们感到沮丧。为了摆脱这些负面情绪，请每天都读一些幽默的小故事——既可以是

微笑每一天

网上的搞笑段子，也可以是报纸上的一组漫画。只要它能够为你带来欢笑和快乐，就去读吧！

自 嘲

我们在工作中需要严肃、认真的态度，但也需要时不时地放松一下。整天绷着一张脸，可能会导致生理和心理双重疲惫。为什么不适时自嘲一下呢？

敢于自嘲

与其在犯了错误之后自责，倒不如对自己的愚蠢行为自嘲一番。这样做的时候，可以减轻我们的紧张感，降低对自己的期望值。所以，大方地和身边的人分享自己或有趣或难堪的经历，把快乐和欢笑传播开来吧，让大家知道，我们不只有严肃的一面。

这也有利于我们维护好人际关系。

所以，既然已经犯错并意识到自己错在何处，那就轻松对待，一笑置之，别让它成为你肩上的沉重负担。

结论：人生曲折起伏、成败交错。不过，请记住，当置身低谷时，幽默和笑声往往能令我们精神鼓舞，再次振作起来。

笑口常开

第七章
学会表示感谢

对拥有的东西怀有感恩之心是十分必要的，尤其是对受到最多照顾的青少年而言。那么在日常生活中，青少年应该以什么方式来表达自己的感激之情呢？

坚持写感谢日记，让自己将注意力集中在正面积极的事情上；
给你想感谢的人写一封感谢信，让他知道自己在你心中的分量；
力所能及地多做好事，别人的微笑也能带给你微笑。

从现在开始，去感谢你应该感谢的每一个人、每一件事吧！

> 表达感激之情是打开快乐之门的钥匙。

理所当然地索取

许多人都天真地以为，世界是围着他们转的，尤其是一部分青少年。他们认为，餐桌上总会有准备好的食物，衣兜里总有装好的零花钱，总有人做他们的司机随时载着他们去任何想去的地方……

不过，请客观冷静地想一想：

如果有一天，这一切突然消失了会怎样？

生活会发生什么变化吗？会不会一如既往？

青少年或多或少会认为有些事情是理所当然的。他们觉得每一天都过得差不多，不幸不会降临到他们头上。正因如此，如果有一天，不幸的事情突然发生，他们就会吓得目瞪

失去了一切！

口呆、不知所措。

灰姑娘乐队有一首歌曲，它的歌名对这种情况总结得非常到位：《直到失去你才明白拥有什么》。如果你也以为很多事情理所应当被安排好，那么这首歌就是对你这种想法恰如其分的描写。

尝试做以下这些练习：

1. 舒服地坐在一张椅子上。

2. 闭上眼睛。

3. 放空，停止一切思考。

4. 静止一分钟。

5. 一分钟后睁开眼睛。

你在练习过程中经历了什么？闭上眼睛、大脑中所有的想法都被清空（希望能够如此）的状态下，你能意识到什么吗？（如果有的话）你能否感觉到你在吸气与呼气？

希望你能感受到自己胸部扩张和收缩的动作。有多少人在静止时会想到，我们能否每天都像这样呼吸？我们当然认为自己轻松就能完成，这个呼吸动作简直太简单了！

放空

然而，这个简单的动作却是维持生命至关重要的一步。所以，不要认为它无足轻重、理所当然！

欣赏真实的自我

照镜子的时候，你看到了什么？

一个骨瘦如柴、优柔寡断、缺乏自信的人，还是一个泰然自若、果敢坚定、充满自信的人？

当下的人非常容易受媒体的影响。充斥着美丽女星的广告铺天盖地地涌来，几乎把我们淹没了。看到媒体宣传或者各类广告中的形象，我们可能会嫌弃自己的外表不够美好，渴望改变形象。在这种想法的影响下，我们的自信心陡降，连走路都感觉步履维艰，没了往日的轻快矫健。可见，存有消极情绪，缺乏自信时，我们的行为、表现也会受到不良的影响。

因此，青少年应当多多关注自己的优点，别盯着自己的缺点

为自己点赞！

不放。我们可能不是学校里最帅气或最漂亮的人，但是，我们的形象看起来是大方得体的，而且还有一群愿意支持我们的朋友。当我们能够正视自己、欣赏自己时，自信心就会回归，不仅自己拥有满满的正能量，还能感染其他人，让他们也渐渐拥有良好的自我感觉。

感恩已经拥有的

人们通常会认为，只要实现了既定的远大目标，自己就会得到快乐，例如考了最高分、当上社团的主席或升职了。然而，这种幸福没法轻易获得，需要我们付出较大的努力。其实还有更简单的方法能够让我们感到幸福：当我们需要帮助时，周围的朋友立刻伸出援手；当我们在学习上遇到难题时，老师给予我们指导；当我们情绪低落需要安慰时，父母一直陪伴、鼓励我们。

在我们的身边，总有一些人能给我们安全感，让我们的生活变得更好。只是有时候（甚至是大多数时候），我们并没有将这一切放在心上，以为是理所当然的。现在，明白了别人的付出之后，请真心感谢那些支持和帮助过我们的人。

懂得感恩让我们能够看到小的成就，以及生活中发生的美好的事情。感谢在腾不出双手的时候帮我们开门的人，感谢当我们陷入困境时为我们提供帮助的朋友。实际上，我们应该感谢的人和事有很多。在感恩拥有时，我们就会感到更快乐。

伸出援手

消除嫉妒，学会感恩

对已经拥有的东西存有感恩之心，我们就能避免产生嫉妒和其他消极情绪。假设你想拥有所有人都在谈论的最

多想想已经拥有的东西

新款手机，总是想着这件事，你就会对你正在使用的手机越来越不满。相较之下它简直就是个老古董，每每看到别人手中的最新款手机你就会觉得自己很惨。

但是，你为什么总想着自己缺少什么，而不多想想拥有什么呢？想想看，你手中的手机虽然已经用了一段时间，而且可能没有最新的功能，但是它很耐用，被摔了无数次，功能仍然良好。你心里很清楚，它可以继续使用，没有任何问题。

当你将注意力集中在已经拥有的东西上，并对此充满感激的话，你就为拥有现在这个手机而感到满意、开心。

狗与骨头

故事启示录

消失的骨头

一只狗正走在一条小路上，突然发现了一块骨头，于是它想：我怎么这么走运呢！今天一定是我的幸运日！

这只狗叼起骨头继续沿着小路往前走，来到一条小河边。它停下来朝着水中看了看：呀，河面上有一只狗对自己笑脸相迎，它的嘴里也叼着一块骨头！这只狗在心里盘算着：今天果真是我的幸运日！看看这只叼着骨头的狗，我为什么不将它吓跑，把那块骨头也抢过来呢！

没有片刻犹豫，这只贪婪的狗张大嘴对着水里的那只狗狂吠起来。它完全没有意识到，水面上那只狗其实只是它的倒影！所以，在它张嘴的一瞬间，嘴里的骨头掉进水里不见踪影，只溅起一朵小水花。

现在，这只狗仅有的那块骨头也没了。这能怪谁呢，全是拜它的贪心所赐呀！

这个故事的寓意就是，知足常乐，对自己拥有的东西怀有感恩之心，这对每个人而言都是十分重要的。

※ 小贴士：如何表示感谢 ※

坚持写感谢日记

每天写下几件我们应当心存感激的事情。例如，躲过了倾盆大雨、在比赛中跌倒却没受伤。

记录这些事情，有

感谢日记

助于我们把注意力集中在生活中
乐观积极的一面。这可以让我们
多多关注自己所拥有的东西以及
已经取得的成就，并能客观正确
地看待自己遭遇的挫折，缓解由
此引发的焦虑情绪。

一封感谢信

写感谢信

试着给你想感谢的人写一封感谢信：感谢父母长久以来的照
顾和关心，感谢老师给予的指导和支持，感谢朋友的大力支持和
真心对待。给他们写一封感谢信，用这个简单的办法让他们知

多做好事

道，对我们而言他们有多重要。

多做好事

多做好事其实也是在表达自己的感激之情。例如为需要帮助的人开门，在公交车和地铁上给老人或孕妇让座。

我们在让别人微笑时，也能让自己微笑。

结论：我们在表达感谢之情时，其实也是在感激真实的自我，感恩自己所拥有的一切。

谢谢你

第八章
保持身体健康

体育锻炼可以帮助我们维持身体的健康。
只有身体健康了，我们才会感觉更加积极
自信。体育锻炼的好处实在太多，例如：

增强免疫系统的功能，改善我们的身体状况；
为我们提供更多的能量，使身体更敏捷、体力
更充沛；
培养健康的心理，让我们感到快乐；
增强我们的自信心，让我们自我感觉良好；
增强纪律性和组织性，更好地管理我们的时间
和其他资源。

请记住，在锻炼时保持轻松愉快的心情，
才能达到最佳运动效果。从阅读本章开
始，运动起来吧！

> 运动可以说是生命的源泉、灵魂的食粮。

运动与我们的关系

结束了好几个小时的刻苦学习之后，闲逛一下或者放松一会儿，这种感觉简直太好了！感觉疲倦的时候，就应该这样做。对于那些此时仍有余力的人来说，运动就是让自己放松的最佳选择。慢跑、游泳或者随便进行一项体育运动，都能让我们得到放松，暂时从喧闹忙碌的日常生活中逃离出来。

运动以放松身心

体育锻炼的重要性

体育锻炼可以帮助我们维持身体的健康。如果我们是健康的，体育锻炼会使我们感觉更好并且有机会参加各种有意义的活动。如果一个人身体不健康，他的日常生活都会变得很艰难，例如，过于肥胖的人会认为爬楼梯是一项艰巨的任务，过于瘦弱的人也面临着同样的问题。因此，我们不应该低估体育锻炼对于保持身体健康的重要性。

体育锻炼好处多多，具体来说，包括以下这些：

艰巨的任务

第一，增强免疫系统的功能。

定期进行锻炼能够改善我们的健康状况，增强免疫系统的功能。同时，免疫系统的功能得到改善，能够提高我们对于疾病和感染的抵抗能力。

第二，让身体更加灵活。

经常进行体育锻炼，我们的身体会渐渐变得更加灵活。这有助于改善身体的运动机能，让我们活动自如。

灵活自如

第三，给我们提供更多能量。

有规律的体育锻炼除了能帮助我们保持身体的敏捷性，还能让我们更有耐力。尽管在锻炼初期我们可能会感到很累，但从长远来看，定期进行体育锻炼能让我们的体力更加充沛。

第四，培养健康的心理。

体育锻炼能够促进人体内内啡肽的分泌，这种化学物质可以让我们感到快乐。所以说，体育锻炼既能够强健我们的体魄，也有利于我们心理健康的发展。

第五，增强我们的自信心。

体育锻炼能有效改善血液循环，让我们看上去状态更好；状态更好，我们就会自我感觉良好；而自我感觉良好，自信心就会增强。

第六，增强纪律性和组织性。

身心健康

TAC

让有规律的体育锻炼成为我们生活的一部分，在锻炼的同时，我们会变得更有纪律性、组织性。有规律的体育锻炼，会像瀑布的水流一样溅落、融入我们生活的各个方面，让我们能更好地管理自己的时间和资源。

体育锻炼的诸多益处会对我们的生活产生正面积极的影响。不过请记住：在进行体育锻炼的时候也应该保持轻松愉悦的心情，如果强迫自己去参加不喜欢的运动就没有意义了。

"周末勇士"

　　许多人在工作日非常忙碌，连休息和睡眠时间都无法保证，更不用说体育锻炼的时间了，所以这些人只能在周末进行体育锻炼。皮特就是这样一个例子。作为销售主管，他平时的工作时间很长，除了周末，几乎没有时间进行体育锻炼，所以到了周末他就会去健身房运动，然后再和朋友们一起去踢足球或打篮球。但是，周末运动之后，在下周的工作日期间，他一直感到身体酸痛疲惫。这是周末运动量过大造成的。

"周末勇士"

为了确保周末不会运动过度，皮特应该每天（或者每两天）定时进行体育锻炼。有规律的体育锻炼能够增加肌肉的力量、提高身体的耐力，还能调节身体的机能，使我们避免在体育活动中受伤或感到疼痛。

因此，不要像皮特那样做一名"周末勇士"。平时多多锻炼，去体会体育锻炼带来的快乐（而非痛苦）吧。

养成良好的睡眠习惯

进行有规律的体育锻炼是好事，不过，我们的身体同样也需要休息。有规律、有质量的休息是必要的，可以缓解疲劳，让我们的身体得到休整。就像汽车需要停下来加油一样，我们的身体也需要停下来休息和补充能量。

一般情况下，我们一天需要 7 ~ 9 小时的睡眠，具体多少时间因人而异。除了睡眠时间，睡眠质量也十分重要。如果一个人睡了 10

保证睡眠质量

个小时，但他几乎一直在做梦甚至在做噩梦，那他的睡眠质量反而不如只睡了 6 个小时但一直都处于深度睡眠状态的人。

那么，我们如何确保睡眠不被打扰，得到充分的休息呢？

第一，坚持规律的作息。

尝试每天在固定的时间入睡和起床吧，这能保证我们每天有合理的睡眠时间和清醒时间。这样的时间安排也会让我们的生物钟变得有节奏感。而不规律的作息会打乱这个节奏，从而降低我们身体的免疫能力。

养成睡前放松的习惯

第二，努力做到睡前无压力，让自己放松下来。

睡觉之前做一些与工作或学习无关的事情，例如听一些优美舒缓的音乐，或看一些轻松有趣的读物。

第三，确保环境对睡眠有益。

有利于睡眠的环境应该符合以下条件：光线较暗、安静、凉爽、通风良好而且能让人放松下来，还要确保床、枕头和毯子足够舒适。

第四，穿着舒适的衣物入睡。

确保睡衣令我们感觉舒适。有些人喜欢穿睡衣睡觉，有些人喜欢穿 T 恤和短裤睡觉，选择让你觉得舒服，有助于入睡的衣物就好。

穿着舒适的衣物

第五，确保床已整理好，适合休息和睡眠。

不要把书和文件之类的东西放在床上，床是休息的地方而非仓库。

第六，避免晚上进餐的时间过晚。

可能的话，要避免晚餐吃得过晚或过饱。入睡前吃得太多会引起消化不良从而导致身体不适，并会影响睡眠。

享受生活

在该说的说了、该做的做了之后，请记得要赞美和享受生活。有规律的体育锻炼和充足的休息会为我们创造奇迹。健康的身体能让我们在日常的工作或学习中表现更好、效率更高。

所以请记住，我们好好照顾身体，身体也会对我们照顾有加。

如何拥有健康的生活方式

抓住机会，规律锻炼

青少年的日程安排都很满，但总能想出一些创造性的方法进行有规律的体育锻炼。如果我们乘公交车上学的话，为什么不能提前几站下车步行呢？当然，我们需要考虑时间是否足够，应当以不迟到为前提。还有，我们可以用爬楼梯来代替搭电梯。当然，抽点时间进行慢跑、游泳或与朋友进行一场比赛也不错。为这些体育活动留点时间，我们就会拥有更健康的生活方式。

每天喝足够的水

锻炼以后需要喝足够的水来防止身体脱水。喝等渗饮料是补充在锻炼中失去的水分和矿物质的好办法，但注意要适量，因为这些饮料中盐分含量较高。

补充水分

每天补充足够的液体，对身体功能的正常发挥至关重要。虽然许多人都说每天应该摄入八杯水，但具体情况还是因人而异的。由于工作性质不同，有些人每天需要喝更多的水，例如建筑工人和运动员。关键是要记住，当我们感觉口渴的时候一定要喝水，以免发生脱水的情况。

吃新鲜水果和蔬菜

　　除了以碳水化合物为主的食物，如米饭和面包，我们每天还需要吃水果和蔬菜。它们可以帮助我们摄入每天必需的维生素和其他营养元素，尤其是它们还含有丰富的膳食纤维，可以预防便秘。

结论：身体健康是我们快乐成长的前提。

健康快乐地奔跑　　TAC

第九章
保持平常心

青少年如何才能养成安宁、平和的心态，让
自己可以应对学习和生活中的各种挑战呢？

参加让人快乐的活动，最好每天都做；
多拍照，留住快乐的回忆；
感觉到压力时，进行呼吸练习，缓解紧张
情绪。

上述几种方法对于青少年保持安宁、平和
的心态大有裨益，至于具体怎么做才能收
到最好的效果，一起翻开本章，去看看作
者是如何讲解的吧！

> 当心灵不为世俗的烦恼所左右时，就能拥有平和的心态。

让内心平静

电影《功夫熊猫 2》中，熊猫阿宝发现，尽管不幸曾降临在自己身上，但实际上自己仍然过着幸福而有意义的生活。由此，阿宝渐渐觉悟，获得了内心的安宁与平和。这

功夫熊猫

让阿宝发掘出自己新的优势，获得了更大的能量，最终掌握绝技，击败了沈王爷（主要的敌人）。

我们也需要努力让自己的内心变得平和，这样才能应对生活中的各种挑战。

那么，我们要怎么做才能练就平和的心态呢？

将事情简化

无论是成年人还是青少年，每天都需要耗费大量的时间去处理琐事。对成年人而言，工作占据了生活的大部分时间，有很多工作都被要求在计划周期内完成。对青少年来说，学校是耗费时间最多的地方。学习任务也有完成期限，也需要他们赶时间——家庭作业、课堂学习和考试，等等。每个人都面临着巨大的压力，都忙得没有时间去做别的事情。

然而，别紧张，也许情况并没有你想的那么悲观。想一想，为什么有人能够从容自如地应对工作和学习呢？很可能是因

为他们能很好地管理自己的时间。想要管理好时间，很重要的一点就是要将事情简化。如果想要详细了解如何简化自己的工作和学习，请参考本系列另一本书《学生也要断舍离》。

拿得起放得下

如果你能够放得下一些东西，也许反而可以收获更多。

这句话看起来似乎自相矛盾，明明就是放弃了一些东西，怎么可能收获更多呢？

沉浸在愤怒和悲伤等消极情绪中，我们的积极情绪就没法产生。这个说法是不是正确的？让我们来看看下面这个小故事吧。

故事启示录

原谅别人，放过自己

奈杰尔是一个普通的青少年，有一群好朋友。他跟弗兰克尤其亲密，将弗兰克视为知心朋友，还把自己的秘密都告诉了弗兰克。然而，弗兰克却将奈杰尔的秘密透露给

了许多人，甚至将他的一
些隐私发布在了自己的博
客上。奈杰尔知道后怒不
可遏，整个人快要崩溃
了。不管弗兰克如何恳求
道歉，奈杰尔始终拒绝原
谅他。奈杰尔的愤怒与日
俱增，他的心理健康受到
了影响。他变得容易心烦
意乱，在课堂上没法集中

愤怒的奈杰尔

注意力。糟糕的是，他还经常生病。奈杰尔渐渐陷入消沉
抑郁的情绪中无法自拔，最后不得不寻求心理医生的帮助。

　　奈杰尔的故事告诉我们，如果一味地沉溺于消极的情绪
中，我们就会成为输家，而别人很可能根本不知道我们正承
受着情感和身体的双重折磨。

　　奈杰尔应该在事态进一步恶化之前就向他的朋友、老
师或家人寻求帮助。有了他们的建议和辅导，他就能释放
消极的情绪，放下那些困扰他的情感。

　　一旦放下消极情绪，我们就有机会再一次拥抱快乐、

平静等积极情绪。当我们能够与他人平和相处时，实际上，我们也就纳悦了自己。

所以，要学会在必要时拿得起放得下，这样我们就能收获更多。

学会谅解

当我们满怀怨恨时，自己也会感到不堪重负，就像抱着 100 千克重的石头在海里游泳一样，多

沉入海底还是自由游弋？

余的负重只会拽着我们沉到更深处。其实，只要放下石头，我们就能如释重负，轻松前行。原谅的意义就在于此，它让我们放下怨恨，原谅他人，自己也因此变得轻松起来。

正中靶心

找自己的"心流"

心流是心理、身体和精神集中到一处的一种状态，在这种状态下，人们很容易就会有卓越的表现。

当运动员处于心流状态时，无论做什么，他们都可以毫不费力地取得卓越的成绩，他们做的每一个动作都自然流畅，仿佛达到了心神合一的地步。在古代的日本，射箭大师就能够随心所欲地达到这种状态。知道吗，即使在蒙上双眼的情况下，他们仍然能射中靶心！

因此，找到自己的心流状态后，我们不需要大费周章就能把任务完成好。在这种情况下，我们所做的事情仿佛本来就是我们身体的一部分。当达到这种状态时，幸福快乐的感觉就会在我们心中油然而生。

追寻生命的意义

维克多·弗兰克尔生于奥地利，是美国著名的临床心理学家。第二次世界大战期间，维克多被囚禁在奥斯威辛集中营，他是大屠杀的幸存者。在那里，他看到了恶劣环境对人的影响：很多人患上严重的抑郁症并自杀身亡，另外的人则坚定信念，相信自己一定能在严酷的折磨中生存下来。

维克多的生存信念则基于他对未来的想象。他幻想着自己站在礼堂中，对满屋子的听众演讲自己在集中营的经历，与听众分享自己是如何克服困难，在心理上和生理上都幸存下来的。这个想象让维克多坚定生存下去的决心，只有活下来，他才能将想象变为现实。

维克多凭借自己的深刻见解写出了《人类对意义的追

维克多的想象

寻》一书，此书获得了高度的赞誉，并成为全球畅销书。他在这本书中阐述了追寻生命的意义是如何让一个人战胜艰苦的环境，过上快乐生活的。

维克多的故事是个励志的故事，它向我们证明了：一旦我们明白了自己在生活中想要得到什么，我们就能够获得内心的安宁和快乐。

接受真实的自我

"更高！更快！更远！"

这些是运动员常常用来激励、鞭策自己达到更高水准、取得更大成就的话语。和运动员一样，我们也经常激励自己去争取更好的成绩、更多的认同。这很正常，人类无论在思想还是身体上，都具备突破极限的潜能。这就是体育赛事的世界纪录不断被刷新，科学家和企业家不断在各自的领域取得突破的原因。

更高的水准

但是，即便没能达到预定的目标，也并不意味着我们失败了。我们也许只需要降低自己的期望、调整成功的标准，并不是每个人都能在学校的考试中得到第一名、每年挣上百万美元，第一名永远只有一个。如果能够正视自己的弱点和局限，努力改进，我们就能提高水平，改善现状，终会成为人生的赢家。

曾经有人将失败定义为"即将实现的成功"。这是对失败有趣且积极的解读，抓住了其中的真谛。任何人都有可能遭遇失败，但是，一次或数次失败并不意味着整个人生都是失败的，重要的是能够吸取教训、重整旗鼓，在哪里跌倒就在哪里爬起来。

阿尔伯特·爱因斯坦曾经被老师认为是一个反应慢、接受能力差的学生，被贴上了失败的标签。可是，爱因斯坦并未接受这个标签，而是接受自己的现状，开始努力奋斗。他有获得成功的坚定信念，并因此逐步成长为同时代最睿智、最伟大的思想家之一。

"差生"爱因斯坦

爱因斯坦的这个例子说明了接受真实自我的重要性。我们也许不是最聪明或最漂亮的、个子最高的或最富有的，但是，只要能接纳真实的自己，而不是试图否认自己，我们就有可能成为最好的自己。那么，当你下次照镜子时，就能看到一个对自己的外表满意、充满自信和希望的人。

接受他人

　　除了接受真实的自我，我们也应该接受他人的现状。许多人总是轻易地以自己的标准去评判他人、为他人贴标签，或将自己的观点强加于人，但是别忘了，每个人都不同。家庭、学校和社会环境共同起作用，塑造了一个人的思想和行为模式，所以每个人都是独一无二的。明白了这

接受他人

拥有信仰

一点，在面对别人的时候，我们就更能接受他，理解和尊重他。同时，别人也会为此予以我们同样的理解和尊重。长此以往，人与人之间就会彼此尊重，联系更加紧密，理解更加深入，继而每个人都能从中获益。

拥有宗教信仰

宗教是对某种超自然、超人间的控制力量的信仰。尽管全世界有多种宗教，但它们都有着相似的目的，即向人们提供心灵上的引导。宗教能够为处于困境的人提供安慰，为在单调乏味的日常生活中迷失自我的人指明方向，还能作为道德层面的指南针，为决策艰难、举棋不定的人提供参考。

无论面对着什么情况、身处什么环境中，宗教信仰都能在一定程度上帮助一些人获得心灵的平静。

遛狗

※ 小贴士：如何获得安宁与快乐心态 ※

参加让人快乐的活动

做一些能让你感到快乐的事，最好每天都做。例如，收看你喜欢的电视节目、进行体育锻炼或浏览自己喜欢的网站。在做自己喜欢的事情时，你就会忘记那些沮丧的事情——这会让你更开心一些。

留住快乐的回忆

记住让我们感觉快乐的事情——朋友们组织的惊喜生日派对、与家人在一起的郊游……用手机拍照或录下视频，这样我们就可

快乐的回忆

以跨越空间距离与分隔两地的亲人、朋友分享这些美好的时刻、快乐的记忆了。

　　经常看看拍摄的照片，回味欢乐时光，对我们而言是一件很有好处的事情，可以让幸福感油然而生。

进行呼吸练习

　　感觉自己快被生活琐事压垮的时候，我们会变得、烦躁不安甚至发脾气。在这种情况下，我们很可能会无法控制自己的情绪，冒犯身边的人，伤害我们爱的人。在这种不健康的状态下产生的负面情绪，可能会导致人际关系破裂。

深呼吸

　　有一个让自己缓解紧张情绪，放松下来的方法，就是闭上眼睛，做几次深呼吸。在呼吸吐纳之间，我们的大脑会变得放松，心态更为自在平和，注意力可以更好地集中。这有助于我们平静下来，理智地看待事物、思考问题。我们将会意识到，所有的事情最终都会过去，我们不需要为眼前的麻烦而感到挫败。

结论：保持平常心，摆脱焦虑，是我们迈向幸福快乐重要的一步。

TAC

拥抱快乐

第十章
善于利用快乐因素

在日常的学习和生活中怎么做，才能过上快乐的生活呢？有以下几种方法可以作为参考：

正面积极地看待问题：激励自己，无论处境多艰难，都要勇敢面对；

坚定积极向上的思想：想办法让自己忘掉消极的想法；

用快乐的态度来生活：坚持用笔记录下所有能产生积极影响的事情。

如果青少年能结合本章正文中的具体方法做好这几点，相信可以告别消极因素、缓解焦虑情绪，过上快乐的生活。

> 在痛苦和快乐两者中，我肯定选择后者。

重要的是态度而非年龄

父母是否曾经对你说过下面这些话？

你为什么看起来总是一副没睡醒的样子？

别拖拖拉拉的！

你怎么又无精打采的？

以上是常见的对青少年的抱怨。听听这些抱怨，是不

别拖拖拉拉的！

是感觉青少年好像提前衰老了一样——他们的这些行为简直与老年人一个样。

其实，青少年之所以有这样的表现，并不是因为身体真的一夜衰老，而是因为态度出现了问题。态度不正确，有时候会让我们的行动看起来比自己的实际年龄大好多倍，老态龙钟，暮气沉沉。相反，拥有积极的态度就能让我们变得乐观向上，精力充沛，走起路来都会给人步履轻快的感觉。

所以请记得，态度是至关重要的！

不同的态度，不同的结果

看看右面这幅画，请选出你认为能准确描述图中场景的回答：

杯子空了一半。

杯子满了一半。

如果你选择第一个答案，说明你的生活态度可能不够正面积极。

如果你选择了第二个答案，

半空还是半满？

说明你的生活态度应该是更加正面积极的。

不过，你会止步于此，还是继续思考：杯子当真只是半满吗？

仔细想想，其实我们也可以认为杯子一半装水、一半装空气，因此，严格来讲，杯子完全装满了！

如果我们能够像看待这杯水一样去看待其他事物，生活就会精彩纷呈，充满各种可能和机会。

适当地拖延

在本系列的另一本书《再见，拖拖拉拉》中，我谈到了戒掉拖延症的重要性。拖延会严重影响我们的生活，耽误进度，让我们不能按时完成任务。

但是没想到吧，有时候拖延也有好处。例如，当我们备感焦虑的时候，为什么不拖延一下呢？就让焦虑靠边等着去吧！也许拖延一会儿，焦虑就烟消云散了。

由此可见，拖延并非总是坏事，如果我们能恰如其分地运用它的话。

将焦虑拖延掉

立即行动

《星球大战》系列影片是我一直都极为喜爱的电影。除了惊心动魄的动作场面，电影还因一些极具标志性的角色而闻名，尤其是绝地大师尤达。他身材矮小，却有大智慧。尤达有一句名言："要么做，要么不做，想想是没用的。"

一个简单的句子，传达出一个强有力的观点。

对于自己行为的后果，有时候我们过度焦虑了。做事前考虑到后果肯定没错，但不应该让这些想法阻碍我们前进。只要认真地权衡过自己的选择，并对自己做的事情充满信心，我们就应该立即行动起来。

孔子曾经说过："千里之行，始于足下。"认真权衡过自己的选择以后，还有什么东西可以拖住我们前进的脚步呢？让我们果断地迈出关键的第一步，如果不去尝试，我们就没法知道结果。请直接采取行动吧！

别焦虑，快乐起来！

鲍比·麦克菲林是美国的一名歌手，他创作并演唱了一首歌，名字叫《别焦虑，快乐起来》。这首歌曲红极一

别焦虑，快乐起来！

时，赢得了无数的奖项和赞誉。鲍比·麦克菲林因此一举成名。

这首歌曲调欢快，歌词简单却具有深意。它鼓励人们即使处于低谷，也要让自己看向光明的地方。

所以，请在网上找出这首歌来听一听吧。相信听完之后，你会振作起来，暂时忘记焦虑。

※ 小贴士：如何过上快乐的生活 ※

正面积极地思考

尼克·胡哲出生于澳大利亚，是一名牧师及励志演说家，他罹患海豹肢症，这是一种罕见的疾病，患者没有四肢。尼克小时候常常因为疾病被歧视、嘲笑，他曾经想过自杀，但是，当意识到这个世界有着各种可能性的时候，胡哲决心与疾病抗争到底。他不再整日盯着自己的残缺之处沮丧懊恼，转而关注自己已拥有的东西——远大的志向，奋斗的毅力。胡哲在 17 岁时创办了非营利组织"没有四肢的生命"。现在，他周游世界，去为不同国家的人进行励志演讲，鼓励大家即使身陷困境也不要放弃，应当努力找到希望与生命的意义。

胡哲的故事确实非常鼓舞人心，可以成为所有人的动力源泉，它激励人们：无论处境多么艰难，都要乐观面对。

坚定积极正面的思想

当我们情绪低落沮丧时会发生什么？

我们会被消极思想包围。消极思想就像疾病一样，会给我们带来不利的影响，让我们长时间陷在消极状态中不能自拔。

怎样才能摆脱这种消极的状态呢？有个方法是努力忘掉那

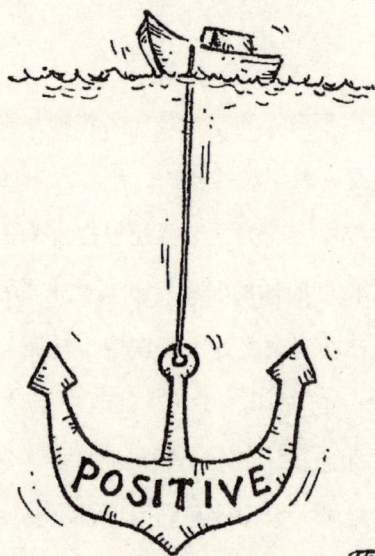

坚定积极的思想

些消极的想法。虽然这很难做到，但只要方法正确，还是可以实现的。我们可以借鉴船只抛锚停泊的方法。首先，回想让自己处于积极状态或被积极思想包围的事例，然后，把相关细节记录下来，以便我们从中找到合适的"锚"。比如，这个事例与一首流行歌曲有联系，那么只要知道或者能够唱出那首歌曲，我们就可以用它来触发那些积极快乐的想法和经历。

　　因此，首先要想出一件让我们感觉良好的事情，然后再想出与它关联的事物（可以是一首歌曲，也可以是一件礼物等实物），下一次，当我们感到消极沮丧时，听听歌曲看看东西，也许就能振作起来，走出消极状态。

积极地生活

积极地生活

用积极向上的笔调来记录自己每天的生活。看看你今天做了什么，问问自己是否有什么事物让你感觉很棒并充满活力。把这些写下来，让自己知道，你做了一些对自己的生活甚至对别人的生活都有着积极影响的有价值的事。

举例说明：

1. 今天我做得太棒了，因为我完成了待办事项清单中的所有事情。

2. 今天我感觉自己太了不起了，因为我参加了一场慈善活动。

3. 今天的我充满活力，因为我完成了 2.4 千米的长跑。

请不要再坐着等待了，用笔真真实实地记录下我们做过的所有让自己感觉良好的事情吧！

结论：想快乐的事情，过快乐的生活。

快乐得飞起来

后 记

祝贺你读到了本书的结尾部分。

写完这本书真的很不容易。由于写作周期太短,有一段时间,我很担心自己无法按时完成。要知道,为了完成这本书我可是掉了不少头发!不过,好在积极的心态帮了我不少忙。我经常回顾自己所写的内容,发现书中的理念确实帮助我缓解了焦虑,我变得更加乐观积极了。

例如,写不下去的时候,我会休息片刻或去参加别的活动,也许,正是这些活动激发了我的创作灵感呢!我经常都能从正在看的书或电视节目中受到启发。

TAC

船到桥头自然直

　　因此，只要能够保持积极的心态、采取积极的行动，我们就能够克服前进道路上的障碍。

　　中国有这么一句谚语："船到桥头自然直。"当然，这并不意味着我们什么都不用做，等别人的帮助从天而降。

　　从前有一个人，他的船在一座荒岛上搁浅了。他在大海中迷失了方向，不清楚自己的方位，被人发现的希望十分渺茫。不过他并没有绝望，而是认真地祈求上帝的帮助。很快，一艘船远远地出现了。然而，他觉得船离得太远，没必要费太大的劲引起船上人的注意，于是他什么都没做，悲伤地目送船开走了。

　　过了一会儿，这个人听到了飞机的轰鸣声。他抬头望向天空，看到一架飞机正从远处飞过。他认为飞机飞得太高了，没有向它挥手的必要。

　　过了几天，这个人因为饥饿和脱水去世了，他的灵魂获得自由后遇到了上帝。看到上帝以后，这个人非常气愤，激动地问道："我如此努力地向你祈祷，你却没有给我任何帮助，这是为什么？！"

　　上帝平静地回答说："不，我给你送来了帮助。"

　　"什么时候？如果你确实帮助过我，我为什么现在会在

这儿？"这个人质疑道。

　　"难道你没有看见那艘驶过的船和那架飞过的飞机吗？我派它们去救你，可你为什么不拦住它们寻求帮助呢？帮助就在你的面前，但你却对它视而不见。"

　　听到这里，这个人才意识到自己多么愚蠢，只得闭上
了嘴，不再说话。

　　这个故事告诉我们：当帮助到来时，我们应该及时识
别，主动行动；当机会来临时，我们也应该主动地抓住机
会。因此，我们要在生活中采取主动积极的态度。

　　其实，幸福就围绕在我们身边，但是它需要我们积极
主动地去追寻，并且，当你拥有幸福之后，要懂得珍惜。

　　不要坐等天上掉馅饼，想要什么就赶快行动起来吧！

　　祝你们生活得幸福！

幸福地生活　TAC

参考书目

Baird, James D. 2010. *Happiness Genes*. Career Press: United States of America.

Lyubomirsky, Sonja. 2008. *The How of Happiness*. The Penguin Press: United States of America.

Matthews, Andrew. 1988. *Being Happy*. Media Masters Pte Ltd: Singapore.

Matthews, Andrew. 2001. *Being a Happy Teenager*. Seashell Publishers: Australia.

Matthews, Andrew. 2005. *Happiness NOW*. Seashell Publishers: Australia.

Matthews, Andrew. 2009. *Happiness in Hard Times*. Seashell Publishers: Australia.

Punset, Eduardo. 2007. *The Happiness Trip*. Chelsea Green Publishing Company: United States of America.

Burnell, Ivan. 1998. *The Power of Positive Doing*. Goodwill Publishing House: India.

Davidson, Jeff. 2005. *Reinventing Yourself*. Advantage Quest Publications: Malaysia.

Quilliam, Susan. 2003. *Positive Thinking*. Dorling Kindersley: United Kingdom.

Rao, Srikumar. 2007. *Are You Ready To Succeed?* Ebury Publishing: United States of America.

索 引

（据单词或短语所在页码排序）

致 谢

　　我要感谢以下各位，是你们给我的生活带来重要影响，帮助我克服在创作本书的过程中遇到的困难。排名不分先后：

　　我至爱的妻子 Pauline（宝琳）。

　　我甜蜜可人的女儿 RaeAnne（瑞安）和 Raelynn（瑞莲）。

　　我亲爱的父母。

　　感谢所有给我第二次机会并且为我指明前进方向的人们。

　　我所有的老师和导师，尤其是 Ho Chee Lick（何志立）教授、Paulin Straughan（波林·斯特劳恩）教授、Kay Moulmein（凯·莫梅恩）教授和 Linda Thompson（琳达·汤普森）教授。

　　我在新加坡义安小学、德明政府中学、维多利亚初级学院、新加坡国立大学与南洋理工大学上学时期的朋友们和伙伴们。

　　维多利亚初级学院的朋友们及同事们。

维多利亚初级学院前任及现任校长：Lee Phui Mun（李佩文）夫人、Chan Khah Gek（陈嘉庚）夫人和 Chan Poh Meng（陈德孟）先生，以及副校长 Audrey Chen（陈慧文）女士与 Chua Nga Woon（蔡美儿）夫人。

还有一群特殊的人：Adam Khoo（邱缘安）、Stuart Tan（斯图亚特·谭）、Conrad Alvin Lim（康拉德·艾文·林）、Gary Lee（李智辉）、Merry（梅丽）、Alva（艾娃）、Rita Emmett（丽塔·艾米特）、Khoo Siew Chiow（邱瑞昭）、Elim Chew（周士锦）、Cayden Chang（凯顿·张）、Sean Seah（谢伟安）、Mark Chew（马克·丘）与 Johnson Lee（李思捷），他们仍然不断影响和激励着我！

还要感谢我过去和现在的学生们，希望你们为了获得更大的成功继续奋斗。把握现在，未来可期！

最后的但并非不重要的，还有那些以不同的方式影响了我的生活的人。

你们存在于我心灵的某个地方，我将永志不忘。

写给儿童的
高效学习力打造计划

〈告别低质量勤奋〉

〈再见，拖拖拉拉〉

〈别输给半途而废〉

〈别让焦虑打败你〉

〈学生也要断舍离〉

〈想到，更要做到〉

〈敢想敢做有担当〉

〈有效备考得高分〉

〈敢拼敢赢做冠军〉

〈谁都可以了不起〉

373 种高效学习方法，**10** 大学习关键能力

从平凡到卓越的行动计划

帮助学生告别"不想学、不会学、学不好"